ÉLOGE

DE TRÈS-HAUT, TRÈS-PUISSANT ET TRÈS-EXCELLENT PRINCE STANISLAS LE BIENFAISANT,

ROI DE POLOGNE, DUC DE LORRAINE ET DE BAR.

Par M. l'Abbé MAURY.

Finis vitæ ejus nobis luctuosus, patriæ tristis, extraneis etiam ignotisque non sine curâ fuit. TACIT. *in agricol. c. 43.*

A PARIS,

Chez ANTOINE DESVENTES DE LA DOUÉ Libraire, rue Saint Jacques, vis-à-vis le Collège de Louis le Grand.

M. DCC. LXVI.

A MONSEIGNEUR

LOUIS AUGUSTE

DAUPHIN.

MONSEIGNEUR,

LE souvenir de ce qu'a été votre Auguste Bisayeul dont j'ose vous offrir l'Eloge, vous rappelle ce que vous devez être. Le Ciel qui vous destine comme lui, à faire des heureux, exige de vous les mêmes vertus, & sur-tout le même penchant pour la bienfaisance. Je ne louerai pas ce Grand Homme de sa tendresse pour vous : ce sentiment est commun à tous les François ; il augmente même chaque jour par le développement de ces qualités heu-

a ij

reuses, qui annoncent un Prince digne de son Sang. La Nation est persuadée que vous ferez dépendre votre bonheur du sien, & que sa félicité égalera ses vœux sans surpasser ses espérances. Agréez ce témoignage public du profond respect avec lequel je suis,

MONSEIGNEUR,

Votre très-humble & très-obéissant
Serviteur, MAURY.

AVERTISSEMENT.

LES regrets du Genre Humain font le plus bel éloge du Roi Bienfaisant que nous avons perdu. Le sort des Princes après leur mort est d'avoir des Panégyristes qui ne manquent jamais de les louer comme des hommes extraordinaires ; souvent ils travaillent plus pour leur gloire que pour celle de leurs Héros. On ne fera pas usage de cet artifice en cette occasion, parce que pour faire l'éloge de Stanislas il suffit de le peindre. La continuité des merveilles qui ont illustré sa vie m'a obligé à me borner aux grands événemens qui l'ont partagée, sans m'arrêter à des traits assez éclatans, mais trop multipliés : un discours oratoire n'est pas susceptible de ce détail. Pour connoître Stanislas on consultera l'histoire, je n'ai pû que le *dessiner* : combien ma foiblesse est mal assortie à un si grand sujet ! les plus petites actions de ce Prince portent l'empreinte de son héroïsme ; c'est de lui qu'on eut pû dire, sans flatterie, qu'en le décomposant on en auroit fait plusieurs grands hommes.

L'ordonnance du tableau de sa vie m'a paru difficile ; comment donner de la symètrie à l'assemblage de tant de vertus différentes, quelquefois même opposées ? Ne pouvant parler de son administration que dans une même partie, il a fallu déranger l'ordre des événemens ; pour parler à la fois de ce qu'il a fait en Pologne & en Lorraine, j'ai oublié les revers qui ont rempli l'intervalle qui sépare ces deux *âges*. Je pourrois justifier cette liberté par l'exemple des plus grands Maîtres ; mais ils ne m'autoriseroient pas parce que je ne l'ai pas rachetée comme eux par des beautés. Le plan que j'ai suivi m'y a forcé : je me fais honneur de l'avoir imité d'après lui-même.

Un de ses amis (car quoique Prince il en avoit, & j'estime trop l'humanité pour penser qu'il y a de l'héroïsme à en avoir) un de ses amis lui demanda quelles devroient être les vertus d'un Roi digne de l'immortalité ; *la bienfaisance*, répondit-il, *la philosophie, & le courage. Je voudrois qu'il fût Bienfaisant comme Titus, mais plus mature, Philosophe comme César, mais plus citoyen, Héros comme Alexandre, mais plus homme.* On verra sans doute avec plaisir que j'ai trouvé dans cette réponse que la vérité lui dicta le plan de son Eloge ; il est facile de lui en faire l'application : il la mérite trop bien, & trop peu de Princes la méritent comme lui ! Stanislas me fournit donc lui même le moyen de le peindre. C'est ainsi qu'on parvient à connoître le soleil par ses propres rayons.

La vie de Stanislas le Bienfaisant est une grande partie de l'histoire de son siécle ; j'en dédie l'analyse à un Prince qui aime les Lettres. Heureux ceux qu'il honorera de son suffrage ! les

larmes que nous lui avons vû répandre préſa-
gent notre félicité. Sa modeſtie ſe plaindra de
mon indiſcrétion ; comment parler de lui ſans
le louer ? Cultivé par les mains de la vertu &
du ſçavoir, il doit les fruits précoces de ſes
études à ſes talens naturels, & aux ſoins du
Militaire ſage & éclairé qui les dirige ; ces
foibles traits que la vérité commence à former,
ſont réhauſſés par les ombres mêmes que ſa
modeſtie leur prête. Peut-être aurois-je mieux
fait d'abandonner ce Diſcours à ſon deſtin que
d'abuſer des faveurs d'un ſi grand Prince !

ÉLOGE

DE TRÈS-HAUT, TRÈS-PUISSANT,
ET TRÈS-EXCELLENT PRINCE
STANISLAS LE BIENFAISANT,

ROI DE POLOGNE, DUC DE LORRAINE ET DE BAR.

Est in illâ spiritus benefaciens, certus, stabilis.
Il y-a dans la Sagesse un esprit de bienfaisance, de vérité & de constance. *Sapient. 7. 23.*

C'EST ainsi que Salomon expose les avantages de la Sagesse dont il est le modéle ; on n'est véritablement sage que lorsqu'on jouit des prérogatives qui sont le prix de cette vertu qui les suppose toutes. L'insensibilité dégrade, l'erreur humilie, la foiblesse avilit ; mais la sagesse nous donne un esprit de bienfaisance qui fait dépendre notre bonheur de celui des autres, un esprit de vérité qui n'épargne pas nos passions dans ses sacrifices, un esprit de constance qui rend notre tranquillité indépendante des événemens. Dire donc de Stanislas qu'il fut orné de la sagesse, c'est montrer le fondement

A

de ſes vertus ; c'eſt aſſurer qu'il fut toujours égal à lui-même dans la proſpérité & dans l'infortune. Quel Prince a plus droit de nous apprendre avec Salomon qu'on trouve ces tréſors dans la ſageſſe ? Bienfaiſant par inclination : il ne jouiſſoit que des biens qu'il donnoit ; vrai par caractère : l'amour de la vérité étoit ſa ſeule paſſion ; conſtant par grandeur d'ame : ſon courage triompha des revers. *Eſt in illâ &c.* Sa conduite fut l'apologie de ſon élévation ; ſes écrits ſont la défenſe de la vérité ; ſes diſgraces furent ſon plus beau triomphe. Il ne put conſerver par ſes vertus un Trône qu'il ne devoit qu'à elles ; ſon indifférence pour le ſceptre a montré combien il méritoit de le porter.... Eſt-ce une illuſion qui me ſéduit ? Staniſlas n'eſt plus ! la cruelle mort l'a ravi aux humains, ſon Trône n'eſt plus qu'un cercueil ! il ne nous reſte plus que des cendres de Staniſlas, c'eſt-à-dire, de la grandeur même. Son ſceptre briſé, ſa couronne flétrie, voilà ce qu'il voit ſur la terre. Sans doute, après la mort il eſt entré en poſſeſſion d'un nouveau Royaume ce Roi Bienfaiſant, qui croyoit que le comble de la grandeur conſiſte à vouloir faire tout le bien qu'on peut procurer.

Occupons-nous de notre conſolation & de ſa gloire en rappellant ce qu'il fut. Sur le Trône, Staniſlas ſe ſouvint qu'il étoit homme : il fut grand par l'uſage généreux de la puiſſance. Dans ſes écrits il fit voir qu'il étoit Chrétien : il fut grand par l'uſage éclairé de la raiſon. Dans ſes malheurs il n'oublia pas qu'il étoit Roi :

il fut grand par l'ufage modéré du courage. Ce Prince allia donc dans fa perfonne l'humanité qui va au bien, *benefaciens*, la faine philofophie qui va au vrai, *certus*, l'héroïfme qui va au grand, *ſtabilis*. L'humanité préfide à l'hiſtoire de fon regne : la philofophie dicte l'hiſtoire de fes écrits : l'héroïfme confacre l'hiſtoire de fes revers. Le Tout-Puiſſant lui a donc communiqué la clémence, les fecrets & les forces de fa fageſſe, *Eſt in illâ ſpiritus benefaciens, certus, ſtabilis.* Nous admirerons & nous pleurerons la mort de ce Roi Bienfaifant : Condamnerez-vous, ô mon Dieu, des larmes que vous faites couler ! Religion Sainte, le Prince que je loue fut votre ouvrage. Vous ſçutes l'élever, l'éclairer, le confoler : vous travaillerez aujourd'hui pour votre gloire en me dictant l'Eloge que je confacre à la mémoire de Très-Haut, Très-Puiſſant, & Très-Excellent Prince Staniſlas le Bienfaifant, Roi de Pologne, Duc de Lorraine & de Bar.

PREMIERE PARTIE.

LA Pologne eſt une image parfaite de l'adminiſtration Gothique où le Roi & le Peuple ſont ſoumis au corps intermédiaire qui doit balancer l'autorité & la dépendance. Les Polonois donnent des loix à celui duquel ils vont en recevoir (1) ; Frédéric Auguſte, Roi de Pologne, s'engagea dans une guerre terrible

_____

(1) *Pacta convenia.*

sans le consentement de la République : l'ambition du Souverain n'est pas une vertu dans un pays qui redoute son autorité ; Auguste eut contre lui ses malheurs, les Polonois lui firent un crime de son courage ; ils essayent de secouer le joug d'une domination dont l'affoiblissement ou l'accroissement leur paroissoient également dangereux : l'un les eut rendus victimes des ennemis d'Auguste, & l'autre menaçoit de faire sujet un peuple qui a toujours fait consister sa gloire à être citoyen.

Suscité par la Providence pour tirer ses peuples de la barbarie & de l'ignorance : créateur de ses Etats, Roi qui avoit besoin d'être vaincu pour sçavoir combattre, & qui ne pouvoit apprendre que de ses ennemis l'art de les subjuguer ; assez puissant pour résister à sa défaite, assez habile pour en profiter : tel étoit Pierre le Grand. Ces deux Rois alliés avec le Dannemarck avoient reglé le partage de la Suéde avant le commencement de la guerre ; n'avoient-ils pas droit de se croire invincibles en fondant leurs forces sur la foiblesse de leur rival ? Providence de mon Dieu, c'est ainsi que vous vous jouez des projets des humains ! Charles XII ce héros, qui ne fut semblable qu'à lui, apprend à trois Puissances formidables, liguées contre lui seul, que la jeunesse est plus téméraire que timide, & que la honte de céder devance en elle la raison ; à la journée de Narva il défait cent mille Danois ; encouragé par ses premiers succès, il résolut de faire descendre Augufte d'un Trône qui chanceloit fous fes pieds ; le réfoudre & l'exécuter ne fut en lui qu'un effet de fon amour exceffif pour la gloire qui n'a pas toujours rempli fon objet. Il eft un fentiment de vénération pour les Conquérans heureux qui éblouit les aveugles humains ; les Polonois idolâtres d'un phantome de gloire qu'ils admirent dans le Roi de Suéde, trompés par le preftige de fa derniere victoire qui étoit un prodige de témérité & de bonheur, le fecondent dans le projet qu'il a conçu de leur donner un nouveau Maître.

L'Affemblée de Varfovie, ce Corps dont la liberté eft la bafe, & dont la dépendance eft la régle, députe à Charles XII, le jeune Palatin de Pofnanie Staniflas Lecfinki. Né avec cette phifionomie heureufe qui eft un des plus agréables dons du ciel : doué de ces qualités brillantes qui fuppofent les grandes ames, & qui les annoncent, il fçut plaire à celui qu'il vouloit fléchir ; il y eut entre Charles XII & lui une de ces fympathies inexplicables dont on ne connoît que les effets. Après une conférence qu'il a eue avec le jeune Palatin (1), il lui rend ce témoignage flatteur, qu'*il n'avoit jamais connu perfonne plus propre à concilier tous les partis.* Tel fut le fuccès de fa négociation ; il

---

(1) Charles ne fe trompa jamais dans fes choix : il montra le jeune Staniflas au Cardinal Primat, en lui difant, *voilà le Roi de Pologne* ; celui-ci étoit humilié de l'élévation de Staniflas :

demandoit la paix : on lui offrit la Couronne ; ce projet ne surprit que lui : iſſu du Sang des Rois il étoit fait pour l'être, ſi le deſir de rendre les Peuples heureux donnoit droit de les gouverner. Le ſang de vos anciens Maîtres coule dans ſes veines ; vertueux citoyens, il ſçaura le verſer pour défendre vos Loix. La fortune accompagna donc une fois le mérite en plaçant Staniſlas ſur le Trône par un de ces phénomènes de pr'itique qu'elle montre rarement à l'univers étonné. Il fallut pour la réuſſite de ce projet l'ambition & la généroſité du Roi de Suéde flatté de donner une Couronne à ſon ami, plus flatté peut-être de l'ôter à ſon rival.

Staniſlas monte ſur ce Trône électif ; il a le plus légitime des titres pour regner en Pologne : le choix de ſes ſujets. Mériter le ſuffrage de la Nation, c'eſt montrer qu'on eſt digne de la gouverner ; immortaliſer ſon regne comme Staniſlas, c'eſt prouver qu'on mérite ſon ſuffrage ; il a en effet bien juſtifié ſon élection par ſa modeſtie : ce nouveau titre ne changea pas ſon caractère, hélas ! nos vices ſemblent croître avec nôtre élévation : plus nous avons d'autorité ſur les autres, moins nous en avons ſur nous-mêmes, & par une fatalité qui nous découvre notre foibleſſe, ſouvent les

---

il eſt trop jeune, diſoit-il au Roi de Suéde. Oui, répondit Charles en le quittant ; *il eſt à-peu-près de mon âge.* Charles aſſiſta à ſon élection, *incognito.* Il fut un des premiers à crier *Vivat.*

arbitres de l'univers sont les esclaves de leurs passions. Dans Stanislas on apperçut un Roi qui ne croyoit pas s'avilir en restant toujours homme ; faire des heureux étoit sa principale occupation. Il avoit besoin de s'affermir dans une partie de ses Etats, & de conquérir l'autre, de soumettre par les armes ceux qu'il ne pouvoit gagner par ses vertus ; le Trône qui n'avoit pu séduire son cœur troubla sa tranquillité ; il fallut qu'il achetât l'harmonie & la paix de son administration par des fléaux décorés du grand nom de *Victoires*. Au milieu d'une fermentation générale il fçut appaiser des esprits remuans qu'une explosion imprévue pouvoit rendre factieux, satisfaire des mécontens qui seroient devenus rébelles. Stanislas a ses succès & ses bienfaits pour triompher de l'indépendance & de la révolte, il punit l'audace par ses armes, il gagne la cupidité par ses largesses. O excès de bonté ! Stanislas achete le bonheur de son Peuple qui n'obéit qu'à ses passions ; ce n'est point un esprit foible que la prospérité rend intraitable, une ame basse empressée à deshonorer la victoire ; celui qui ne sçauroit être ébranlé par les revers, se laisseroit-il éblouir par les illusions d'une fortune si inconstante ?

Osons ici jetter un voile sur ses malheurs, nous aurons le temps de les pleurer ; le Tout-puissant le dirige & le gouverne : rien ne lui manquera, *Dominus regit me, nihil mihi deerit*. Heureux les Peuples dont les Souverains ont pour règle de leur conduite la volonté du

Psal.

Très-Haut ! la Religion est un frein qui arrête leurs passions : indépendans de tout ce qui n'est pas Dieu, tout les invite au crime. Stanislas ne croit pas nuire à sa gloire en travaillant à sa sanctification ; qu'il est difficile aux Grands de se souvenir de leur néant, & de conserver sur le Trône cette humilité qui, en cédant à tous, acquiert une véritable supériorité ! Cette vertu fut toujours chere à Stanislas ; sourira-t-il malignement à l'infortune de son Rival détrôné ? Il lui écrit pour lui dire qu'*il espere trouver des Sujets fidéles, parce qu'il veut régner par les loix.* Maxime sage propre à consoler un Roi ami de son Peuple ! Elles régnerent en effet sur son Trône, le Code qui les explique devient la règle de ses volontés ; il n'augmente jamais les peines qu'elles décernent : quelquefois il les diminue... quelquefois même il en dispense (1) ; il consulte la loi pour ne punir que le crime, il écoute son cœur pour le pardonner. Une indulgence trop ordinaire seroit un abus qui enhardiroit la licence : une sévérité trop rigoureuse le priveroit du plus beau de ses droits. Ce bon Roi sçavoit que condamner un coupable à mort, c'est montrer qu'on est son maître, & que lui accorder sa grace, c'est être presque son Dieu ! On ne

---

(1) « La clémence est la qualité distinctive des Monarques. » Dans les Républiques où l'on a pour principe la vertu, elle est » moins nécessaire. Dans les Etats despotiques où règne la crainte, » elle est moins en usage, parce qu'il faut contenir les Grands » par des exemples de sévérité. Dans les Monarchies où on est

reçoit rien en effet de plus grand de la fortune que le privilége de conserver la vie de ses semblables, que peut-on recevoir de plus flatteur de la nature que la volonté de le faire ? Le Trône flattoit Stanislas lorsqu'il pouvoit faire dépendre la conservation de ses semblables, de sa volonté ; *le plus vil des mortels, disoit-il, peut ôter la vie ; c'est ressembler à Dieu qui la donne que de la conserver.* Aussi il se répandoit en bienfaits, plus par inclination que par pitié. Sa vie nous fournit plusieurs traits éclatans de cette compassion qui l'attendrissoit sur les malheureux : il nous a appris lui-même qu'il devoit autant ses graces à sa satisfaction qu'à sa tendresse. Il est un traître qui a employé des jours qu'il lui devoit pour lui nuire : son ingratitude augmente la gloire de son Bienfaiteur ; Charles XII condamne à mort un ennemi de Stanislas qu'il tenoit dans ses fers : Je parle de ce fameux Ministre d'Auguste, que ses vices & ses vertus rendoient redoutable, trop ambitieux pour résister à l'espérance de conserver son crédit, trop inconstant pour se fixer, trop bouillant pour se contraindre : homme dont les pas-

---

» gouverné par l'honneur qui souvent exige ce que la loi défend,
» elle est plus nécessaire ; la disgrace y est équivalente à la peine :
» les formalités mêmes des jugemens y sont des punitions. C'est-
» là que la honte vient de tous côtés pour former un genre par-
» ticulier de peines. Les Grands y sont si bien punis par les dis-
» graces & par la perte de leur crédit, que la rigueur est inutile
» à leur égard ; elle ne peut qu'ôter aux Sujets l'amour qu'ils
» ont pour le Prince & le respect qu'ils doivent aux grandes pla-
» ces ; les Rois ont tant à gagner par la clémence, que c'est un
» bonheur pour eux de l'exercer «

fions ne raifonnèrent jamais, qui confondoit fes intérêts avec fes droits, Miniftre enfin que l'Europe eut cru digne de la confiance de fon Maître, s'il n'en eut jamais été honoré. Staniflas s'applaudira fans doute de la vengeance que fon Bienfaiteur tire de fon ennemi ? Aveugle politique, ne te félicite pas de l'efpérance de rendre infenfible un cœur fi généreux ! Staniflas n'écoute pas tes confeils, il follicite la grace de ce monftre : après de longues prieres Charles confent à l'accorder : Fleming ne mourra point .... il vivra pour apprendre à l'Europe que Staniflas eft la victime de fa clémence.

Quel Prince fut plus bienfaifant ? Il l'étoit par caractere ; ce fentiment lui étoit fi naturel qu'il ne le croyoit pas une vertu. Avant qu'il fut Roi, c'étoit en lui un penchant qui devint fa paffion dominante fur le Trône. *Faire du bien*, difoit-il, *eft le feul plaifir qui foit fans remords* ; auffi fon nom eft inféparable de la bienfaifance : le confacre ; titre glorieux : fes devoirs font les fonctions de Dieu même ; titre qui a fon fondement dans ce qui rétablit l'égalité parmi les humains. Il en eft de plus faftueux, dans le Ciel même il n'en eft pas de plus grand !

Tant de vertus feront-elles fans récompenfe ? Le Tout-puiffant éprouve ce grand homme ; éloigné de fes Etats il a encore les vertus d'un Roi : il ne lui manque que des Sujets pour remplir entierement fa deftinée : je veux dire pour faire des heureux ; déja le Ciel lui prépare une faveur qu'il n'auroit pas efpérée, quand même il l'auroit pû prévoir. C'est du fond de l'Allemagne que la France l'appelle, & lui demande le riche présent qu'il lui a fait : je me représente ce Roi détrôné admirant les desseins de la Providence sur lui : il vient dans une Cour en possession d'être l'asyle des Rois malheureux ; c'étoit le sort de son Sang de régner ! sa Fille monte sur le premier Trône de l'Univers ; il a pour Gendre celui qu'il demande pour Protecteur ; il acquiert ce qui vaut mieux qu'une Couronne, l'alliance d'un Roi qui en dispose. Dans son Gendre il voit un Souverain dont la puissance est modérée par la bonté ; Louis le met en possession d'une Province qu'il doit rendre heureuse. Peuple heureux d'avoir un Roi *bien aimé* pour Maître, le Prince qui te coute tant de larmes n'a fait que commencer ton bonheur. En descendant du Trône Stanislas avoit sacrifié son Sceptre : en y remontant il s'étoit sacrifié lui-même à l'amour de ses Sujets. Son nouveau Gouvernement lui sera moins onéreux : trop grand pour regretter des Sujets auxquels la même passion avoit arraché un serment & un parjure : trop tendre pour ne les point plaindre, il consent à n'être plus Roi, pourvû que la Pologne soit heureuse ; il ne s'occupe que de la tranquillité qui est le premier bonheur des humains ; ce Prince sensible ne cesse de verser des larmes qu'après qu'on a cessé de répandre du sang : il règne paisiblement en Lorraine. Après avoir triomphé de ses ennemis par les bienfaits dont il accabla ses nouveaux Sujets : il se vengea de l'inconstance des Polonois, & sçut leur faite regretter son Gouvernement. Sa bienfaisance qui avoit tant de droits sur les cœurs, le fit adorer & bénir de ceux qui ne sçavoient que craindre & murmurer ; quelle attention n'eut-il pas pour étudier le caractere de ses nouveaux Sujets? Que de soins pour connoître & pour récompenser le mérite ! Il se conforma à leurs loix & à leurs usages : il sçut enfin se faire tout Lorrain avec eux, & les rendit tous François avec lui.

Le Gouvernement de la Lorraine est donc le terme de ses disgraces ; la Providence lui confie l'empire de ce Peuple que ses victoires & ses défaites avoient si long-tems oberé. Stanislas ne le dût pas à la politique ; après ses revers il s'étoit entierement reposé sur la Providence : semblable à ces Pilotes que l'orage surprend en pleine Mer, & qui voyant leurs manœuvres déconcertées, s'abandonnent au gré de la tempête. C'est donc le Tout-puissant qui a travaillé à son élévation, il n'a pas employé de fléaux pour monter sur ce nouveau Trône : il n'en a pas ensanglanté la route ; ses Sujets sont ses enfans. Heureuse de ses malheurs, la Lorraine trouve son bonheur dans son obéissance. Le premier moyen dont il fit usage pour le bonheur de ses Peuples, fut de les rendre vertueux ; il mit plus de gloire à éloigner les dangers, qu'à les éviter. On ne trouvoit pas dans sa Cour ces fausses maximes qui confondent l'élévation avec la grandeur, l'ambition avec la fourberie, ces détours adroits du Courtisan qui, sous le faux prétexte de servir son maître, cherche à le gouverner, ces préjugés absurdes qui ne connoissent de vices que les crimes, & de crimes que les scandales. Stanislas osa être Roi & Chrétien ; les ordres de l'Eternel furent respectés par ses Sujets ; il voulut que la fidélité qu'on lui devoit eût la Religion pour principe, & que cette fidélité fût la règle de la Religion. Il invita par son exemple à adorer le Tout-puissant dans son Temple, & ne compta que sur l'attachement de ceux qui aimoient leurs devoirs. Que ne craindroit-il pas de ceux qui ne craignent plus Dieu ? Stanislas sçavoit que c'est dans nos Temples qu'on assure l'autorité des Rois ; les impies eux-mêmes en sont persuadés : ainsi Jéroboam après avoir rendu dix Tribus rebelles, leur défendit de venir au Temple de Jérusalem, parce qu'il craignoit que la fidélité qu'on doit à Dieu étant inséparable de celle qu'on doit aux Rois qui sont ses images, ses Peuples ne reconnussent enfin leur révolte, & ne rentrassent sous le joug de l'autorité légitime.

Travailler au bonheur des Peuples, est le ministere des Rois ; glorieuse destinée ! Ils sont obligés de faire des heureux ! Ici les bienfaits de Stanislas se présentent à mon esprit. Osons pénétrer cette ame sublime, & célébrer le plus noble des penchans. Combien d'établissemens ce grand Roi fit en Lorraine pour perpétuer son bonheur ! Il ne croyoit pas qu'il suffit à un Souverain de remédier aux abus de son siécle, mais il sçavoit qu'il doit préparer des remédes aux maux à venir, parce que ce n'est point pour le seul temps de sa vie que lui est confiée la destinée de ses Etats, & qu'il doit y régner même après sa mort. Est-il en Europe un Souverain auquel Stanislas ait cédé en magnificence ? Riche de sa modération, il a fait d'aussi grands biens par son œconomie, que les autres Rois par leurs largesses.

On convient qu'il est plus difficile d'appercevoir les maux particuliers, que de les soulager, & qu'il est plus facile de connoître les maux universels, que de les réparer, parce que le premier soin ne demande que de l'attention, & que les précautions ne suffisent pas toujours au second. Stanislas sçait que le bonheur public consiste dans l'abondance qu'il n'appartient qu'à l'Agriculture de procurer : il la favorise par des récompenses à l'exemple d'un peuple fameux que nous ne sçavons qu'admirer, & que nous serons bien-tôt forcés d'imiter. Il recueille dans des greniers publics le superflu (car Stanislas sçavoit l'avoir) il recueille, dis-je, ce précieux superflu qui favorise le commerce pendant l'abondance, & qui ramene l'abondance dans les tems de disette ; on ne trouvoit pas dans ses Etats ces monstres qui s'enrichissent des miseres publiques : prévoyant & sage, il alloit au-devant de la fraude en trompant l'avare qui entasse le superflu, & en soulageant l'indigent qui manque du nécessaire.

Stanislas ne croit pas que la gloire de l'Eternel lui soit étrangere. Le Créateur du Ciel & de la Terre ha-

(15)

bite un Temple où tout annonce la pauvreté dans une Ville qu'il honore de fon féjour ; il lui fait élever un (1) monument éternel de fa magnificence & de fon refpect. Temple augufte, il ne manquoit à votre gloire que de poſſéder les dépouilles de ce faint Roi ! Vertueux Citoyens, vous ferez tentés de l'invoquer fur ce Tombeau qu'il s'étoit préparé ; les barbares l'euſſent cru digne de l'apothéofe, vous lui verrez peut-être dreſſer des Autels. Vous avez été les témoins de fa piété, il a été l'objet de votre amour, il eſt aujourd'hui le fujet de vos larmes : puiſſiez-vous reſſentir les premiers effets de fa médiation auprès de l'Eternel ! Il a laiſſé parmi vous des moyens de fanctification ; des Miniſtres zélés vous retraceront le fouvenir des bienfaits d'un Roi qui leur a laiſſé des fecours pour bannir la mifere avec le crime (2) : comme lui ils fçauront vous attirer à Dieu par la route du bonheur, par la véritable voie du plaifir.

Occupé du bonheur de fes Sujets, Staniſlas veut les prémunir contre l'intempérie des faifons, & les mettre à l'abri des fléaux même du Ciel. Le Laboureur perd quelquefois fa moiſſon par un malheur qu'on ne peut que déplorer : Staniſlas établit (3) des fonds pu-

---

(1) Paroiſſe *de Bon-Secours* de Luneville.

(2) Staniſlas fit mettre cette Infcription au frontiſpice des Miſſions Royales qu'il établit : *Ad pietatis augmentum, & inopiæ fubfidium.*

(3) Fondations pour la Grêle.

blics qui servent de supplément à la stérilité ; ses Peuples sçavent que leurs Impôts servent de ressources dans les calamités, & que ce sont des tributs qui'ls se payent à eux-mêmes.

Une maladie cruelle ravage ses Etats : son tendre cœur souffre du malheur de son Peuple ; les infortunés Lorrains ne peuvent pourvoir à leur subsistance que par leur travail ; Stanislas fonde une de ces maisons d'infirmités, où on ne voit que les débris de l'humanité ; sa grande ame pourroit-elle ne pas s'attendrir sur le sort de ces malheureux pour qui la vie est un poids, & dont l'existence est presque le plus grand malheur ? Par ses largesses, l'ame & le corps sont en sûreté dans le danger ; pere de ses Sujets, il ne prend du Trône que ses bienfaits ; Roi, il ne prend de son cœur que sa tendresse ; au-dessus des foiblesses d'un pere, & de l'insensibilité d'un Grand, il devient le rédempteur & le consolateur de ses Etats.

Il est des accidens qu'une espéce de fatalité rend irrémédiables & presque nécessaires ; il ne suffit pas de les craindre pour les empêcher : je parle de ces incendies funestes qui ne laissent que des cendres à ceux auxquels elles laissent la vie. Les libéralités de Stanislas ouvrent des asyles à ces infortunés contre lesquels le plus terrible des élémens est conjuré : il console ces malheureux....... disons mieux, il les empêche de l'être.

Le Commerce est devenu l'ame des Etats. Stanislas le protége en travaillant à sa sûreté. Pour prévenir les

dissensions

diffension. . . . . mées par la cupidité, il établit des ora-
cles pour décider des droits fans vendre leur fentence;
il va au-devant des abus du luxe, ce tyran qu'on ofe
appeller *le pere des arts*, en faifant un Code des Loix
Somptuaires; il obvie à ces larcins frauduleux que les
paffions occafionnent, & dont les paffions accufent la
fortune; s'il n'y a eu qu'elle de coupable, les largeffes
de Staniflas réparent fon (1) injuftice. C'eft ainfi que
Staniflas defcendoit dans les plus petits détails de l'ad-
miniftration de fes Etats; rien d'affez grand pour occuper tous fes foins : rien d'affez petit pour leur échap-
per.

Le plus beau de fes établiffemens eft une Ecole
Militaire. Les rejettons de ce Corps illuftre qui feroit
toujours refpectable quand même il ne feroit jamais néceffaire, toujours diftingué par fa naiffance quand il ne
le feroit pas par fes fonctions, ces glorieux rejettons
fuivent le chemin de l'honneur qui leur eft ouvert fous
la conduite de ces braves Militaires auxquels le ber-
ceau de la gloire fert d'afyle. Staniflas fait culti-
ver avec foin ces jeunes plantes, l'efpérance de fes
Etats. Aimer la fubordination, fes devoirs, fa religion,
fon Roi : jeunes Guerriers voilà les premiers germes
de l'Héroïfme auquel vous êtes deftinés ! les évolutions
militaires changent en habitude & en paffion l'inftinct
de la Nobleffe pour les armes. La Patrie tient lieu de

---

(1) Fondation pour les Marchands.

B

pere à ceux que fa défenfe a rendus orphelins ; l'Etat fe charge du plus grand de fes biens, l'éducation de ceux qui pourroient fans fes foins ceffer d'être fages en devenant trop courageux, ou s'accoutumer à avoir d'autres ennemis que ceux du Roi, c'eft-à dire, de l'Etat ; avec les élémens de la fageffe on leur enfeigne les véritables règles de la valeur ; on les rend braves fans témérité, prudens fans lenteur, actifs fans précipitation, humains fans foibleffe dans un Etat où c'en feroit une que de craindre de voir couler du fang, principalement le fien.

O vous tous que Staniflas combla de fes bienfaits, venez publier ici fa magnificence ! hâtez-vous de travailler à fon triomphe, peuples défolés, auxquels le fouvenir de fes bontés empêche d'oublier fa mort ; accourez, Lorrains inconfolables, que ce bon Roi a tant aimés, vos larmes ne feront plus couler les fiennes dans un Tombeau qu'elles rendent précieux à l'humanité ; il vit encore parmi vous par fes largeffes ce Roi clément que le Ciel vous avoit donné dans fa miféricorde ; hélas ! le feul regret qui l'ait fuivi dans l'autre vie, eft d'avoir laiffé des malheureux parmi vous. Réuniffez-vous pour célébrer de concert la mémoire du Roi bienfaifant que vous pleurez ; il vous eft permis de bénir celui qui vous défendit de le louer ! Confervez à jamais l'attachement que vous montrez pour vos Maîtres : puifque vous devenez François, jouiffez comme eux du privilége d'aimer votre Roi.

Il n'eſt point de Peuple qui ne nous cède en ceci; Nations barbares, ſi notre Monarque devenoit votre maître, vous apprendriez ſi on a droit de l'aimer ! L'hiſtoire du règne de Staniſlas le Bienfaiſant, eſt celle de l'humanité, parce qu'il l'a immortaliſé par l'uſage généreux de la puiſſance ; la Philoſophie dicte l'hiſtoire de ſes écrits, parce qu'il les a conſacrés par l'uſage éclairé de la raiſon.

SECONDE PARTIE.

Gouverner les Peuples avec équité, eſt la perfection de l'Héroïſme : éclairer les humains avec ſuccès eſt le triomphe de la ſageſſe : la puiſſance ſuffit pour ſoumettre l'indocilité : l'érudition eſt quelquefois inſuffiſante pour vaincre l'ignorance ; un Sçavant doit avoir des lumieres plus étendues, & un Roi a beſoin d'une autorité plus illimitée, parce que l'obéiſſance s'obtient plus facilement que la perſuaſion ; la célébrité d'Auguſte coure moins que celle de Ciceron, & il eſt plus facile d'être l'arbitre des humains, que leur oracle. Que ſera-ce que d'ajouter aux vûes profondes du Politique les connoiſſances immenſes du Philoſophe ? Staniſlas ſur le Trône rend ſes peuples heureux : s'il prend la plume, il découvre aux humains la ſource du vrai bonheur.

Ce Roi éclairé n'ignore pas que les vices diminuent

à mesure que les connoissances augmentent ; que les mœurs sont plus irréprochables lorsqu'on apprend l'art de vivre à cette partie du genre humain qui n'a jamais réfléchi sur son existence ; il veut l'honorer à ses propres yeux en lui découvrant sa grandeur : il établit des Maisons (1) Saintes où le peuple peut profiter d'une éducation proportionnée à la connoissance de ses devoirs & à l'étendue de ses besoins.

La fortune bisarre accorde quelquefois aux humains des qualités incomplettes qui devroient se supposer comme elles s'exigent. Stanislas, desireux de multiplier le sçavoir, éléve un Monument durable de son amour pour les Lettres (2) où les Sciences sont en dépôt. Là on profite des leçons & des erreurs des grands Maîtres ; le génie n'a besoin que de lui seul pour se montrer, je veux dire pour se faire admirer.

Amateurs des Lettres, que vous fûtes chers à Stanislas ! Depuis qu'il fut assez heureux pour être tranquille, il mit ses délices dans votre Société, sa gloire dans vos suffrages : il méritoit d'être votre Maître, & vous étiez dignes d'être ses Sujets !

Il ne crut pas indigne de sa gloire de créer des Sociétés Littéraires ausquelles il ne vouloit être admis qu'après en avoir été jugé digne. Là il réunissoit les différentes branches du génie qui s'épure en se réunissant

____

(1) Freres des Ecoles Chrétiennes.
(2) Bibliothéques publiques.

parce qu'une attraction naturelle électrise les pensées, & leur donne un feu vivifiant qui les régenere. Par ce moyen il pratiquoit cette vertu qui n'en paroît pas une ; la libéralité ; il avoit appris que c'est créer les talens que de les récompenser, & qu'il n'est pas moins glorieux de répandre des graces, que de les mériter, parce qu'il n'y a en effet que les Princes dignes de l'immortalité qui aiment à encourager les talens : il fonda des prix annuels pour récompenser la supériorité dans les Sciences ; l'honneur est en effet un aiguillon puissant sur les Sçavans plus jaloux de l'estime que des bienfaits des Rois ; par cet établissement digne de sa sagesse, la gloire & l'intérêt sont satisfaits, le génie lutte & céde sans montrer sa défaite ; cette émulation fait naître les talens, & l'esprit porté sur ses aîles vole à la gloire. La protection que Stanislas accorde aux Lettres, n'est point un détour spécieux de l'amour propre ; ce n'est pas un artifice d'un Grand qui, pour se justifier de manquer de talens, ou pour s'en consoler, les protege, & trompe ainsi le jugement de ceux qui l'en croyent orné, ou qui lui pardonnent son ignorance, pourvû qu'il ne la souffre pas dans les autres. . . . . . Hélas, il en est qui la favorisent ! . . . . Il en est même qui l'exigent ! Stanislas connoît le mérite : il se croit intéressé à l'honorer ; tout peint son amour pour les lettres, ses établissemens comme ses ouvrages : son esprit est l'organe de son cœur.

Avec quelle noble simplicité, avec quelle tendresse

Il expose à son Augufte Fille, qui eft fa plus parfaite image, les devoirs de fon rang & l'attachement qu'elle doit au Roi fon Augufte Epoux ! Il prend des moyens fages pour la prémunir contre les artifices des Courtifans qui paroiffent oififs fans l'être, & qui fe font une coupable occupation de dégrader par l'orgueil ceux qui les dominent par la puiffance : efprits fourbes qui rampent pour s'élever, qui louent pour féduire, qui n'ont de frein que l'intérêt, & de confiance qu'en leurs foibleffes, accoutumés à paffer des defirs aux inquiétudes, & des fuccès aux remords ; il daigna être Pere dans fes confeils qui lui coutoient bien peu : la conduite de notre Augufte Reine lui dictoit fes leçons !

Rappellons, je ne dirai pas les plus intéreffans de fes écrits : ils le font tous également, rappellons-en au moins quelques-uns. A ne compter que fes Ouvrages, on croiroit qu'ils furent l'unique objet de fes occupations ; à n'examiner que les merveilles de fon règne, on eft furpris, on ne comprend pas que le court efpace de la vie puiffe fuffire à tant de prodiges ; mais fon caractére étoit d'être parfait, & extraordinaire en tout.

Lorfque j'ai avancé que la Philofophie dictoit l'hiftoire de fes écrits, je n'ai pas eu en vûe cette licence dans les penfées dont Staniflas a fi bien démontré le ridicule (1) ; j'ai voulu parler de cette raifon réfléchie,

____

(1) Des dangers de l'efprit.

qui ne diffère de la Religion que par son motif, qui ne pense pas présumer trop de la vérité en la croyant vraisemblable, qui ne craint pas de l'offenser en essayant de la prouver, qui ne croit pas contraire à la raison ce qui est au-dessus d'elle, qui sçait croire ce qu'elle ne peut comprendre, & qui aime mieux adorer des vérités incompréhensibles, que d'admettre des erreurs absurdes.

Tout le monde sçait combien Stanislas respecta la Religion dans ses écrits; la plûpart d'entr'eux lui servent d'apologie (1) ; aussi persuadé que convaincu de la vérité de nos dogmes, il est assez éclairé pour que sa foi soit à l'abri du soupçon injurieux de crédulité superstitieuse. Qu'il est beau d'entendre un Souverain protester sa dépendance, préconiser, célébrer la solidité de cette Arche mystérieuse qui unit le Ciel & la Terre, qu'on ose essayer & espérer de renverser par des sophismes! Ce seroit manquer de respect aux Rois, que de les croire incapables d'adorer un Etre qui leur est supérieur.

La bienfaisance consacre tous ses Ouvrages : il fait consister sa véritable gloire à être utile, & il préfère la reconnoissance aux hommages. Rois de la terre, votre Puissance effraye, & vos bienfaits vous honorent! Jesus-Christ lui-même a été soumis à cette loi ; mon-

---

(1) Le Philosophe Chrétien. L'incrédulité combattue par le simple bon sens, &c. Voyez le Philosophe Bienfaisant.

tre-t'il sa puissance par une Pêche miraculeuse? Un de ses Apôtres effrayé, s'écrie : *Seigneur, vous êtes trop Grand pour rester avec un Pêcheur comme moi.* Chasse-t-il les démons? Un peuple allarmé de cette autorité qui lui paroît dangereuse, le prie de s'éloigner de sa Contrée. Propose-t'il le plus grand de ses miracles, le Sacrement de son Corps & de son Sang? Quelques-uns de ses Disciples étonnés l'abandonnent. Guérit-il des Lépreux, des Aveugles, des Paralytiques? *Alors une grande multitude le suivit en voyant les miracles qu'il faisoit sur les malades.* C'est ainsi que la puissance fait naître l'effroi, & que les bienfaits attirent les cœurs.

Qui pouvoit mieux que lui faire un Traité des Loix fondamentales de la (1) Pologne? Il y étoit né assez Grand pour sçavoir combien il leur coute d'obéir à un Roi qui n'a d'autre titre pour les gouverner, que leur choix. Il discute avec ce fond de lumiere & d'équité qui lui sont propres, les droits & les devoirs du Souverain & du Sujet ; il sçait distinguer l'esclavage de la dépendance ; il défend le Citoyen contre les prétentions du Despote, & les vexations d'un Maître dur qui voudroit régner sur les cœurs avec d'autres armes que ses bienfaits. Avec combien de modération il exposa ses droits au Trône ! Sous le voile d'un anonyme man-

---

(1) Observations sur le Gouvernement de Pologne, en deux Parties.

quât'il jamais aux égards qu'il devoit à la vérité ou à ſes ennemis ? Il avoit dans un ſi haut degré le génie des affaires quelquefois ſi différent du génie lui même, qu'il découvroit des moyens là où on ne ſoupçonnoit pas de la poſſibilité ; de quoi ne ſeroit-t'il pas venu à bout s'il avoit profité de cet aſcendant victorieux ſur les eſprits que la nature lui avoit ſoumis, s'il avoit mis en uſage ce que la probité condamnoit ? . . mais la cupidité lui fut toujours ſubordonnée.

Staniſlas ſçait que la liberté eſt le plus beau ; quoique le plus dangereux préſent que le Ciel ait fait aux humains ; il aime trop l'humanité pour n'être point le défenſeur d'un ſi beau privilége ; ce n'eſt point un Deſpote couronné par la crainte qui règne par la violence, qui ait pour Sceptre le glaive de la fureur, & pour Trône le ſiége de la cruauté, ſans autres partiſans que ſes eſclaves, ſans autres ſujets que ſes victimes. Staniſlas règne par l'amour, il ne cherche pas à affoiblir dans ſes Ecrits le plus beau droit de l'humanité. O bien ineffable, précieuſe liberté, les Rois qui cherchent à te détruire n'ont ni goûté, ni mérité tes douceurs !

La Philoſophie doit donc célébrer les Ecrits de Staniſlas, qui, après avoir rendu ſes Peuples heureux, voulut les inſtruire ; que ne trouve t'on pas dans les Ecrits de ce grand homme ? l'éloquence, la vérité, l'utilité, la piété ; que ſçais-je ? Par tout on y retrouve Staniſlas.

Ecrits éloquens : on y voit une majestueuse simplicité de style qui lui est propre, & qui dans une seule
idée offre le germe de plusieurs autres, dans un seul
trait une image, dans un seul mot un sentiment. On
y admire une éloquence vive qui semble ne rien de-
voir au travail qui sçait contenir le bel esprit sans le
captiver, & ne le montre paré de ses graces que cor-
rigé par la profondeur des pensées & la sagesse des ré-
flexions.

Ecrits vrais : Stanislas n'avoit pas cru s'avilir en
pensant, il n'avoit pas besoin des paradoxes pour se
faire distinguer : il se contenta de gémir sous le poids
des difficultés qui l'arrêtoient : il chercha la vérité sans la
supposer dans des probabilités ou des conjectures, & il
sacrifia tout à l'amour qu'il avoit pour cette vertu. Siécle
insensé, il ne manque à ses écrits que des erreurs pour
obtenir ton suffrage !

Ecrits utiles : ce n'est point un esprit vain qui s'a-
muse à des chiméres ou à des frivolités en s'occu-
pant à calculer l'étendue du possible ; Stanislas n'est
point guidé par un faux zéle qui n'aboutit qu'à des
écarts. *Le plus grand des abus*, disoit-il, *seroit celui de
les vouloir tous prévenir.* Le vice est peint dans ses Ouvrages avec ses couleurs naturelles ; on y apprend que
s'il donne quelquefois du plaisir, la vertu seule peut
procurer le bonheur.

Ecrits intéressans : Stanislas avoit le premier des talens, celui de les faire valoir ; ses écrits ne sont pas

de ces productions éphémères que les passions produisent, & qui produisent les passions. Il conduit les
humains dans les sentiers de la vertu par la douceur
de ses maximes; pourroit-il trop combattre le vuide
des plaisirs de la terre? Ce qui satisfait ici bas les de-
sirs, les réveille : les passions naissent de tout ce qui
les assouvit, & le cœur ne jouit paisiblement que de
ses inquiétudes & de ses dégoûts.

Ecrits Religieux : son amour pour la vérité ne se
borne pas à combattre les préjugés; il attaque l'erreur,
il consacre ses talens à la défense de la Religion & au
bien de l'humanité, si étranger, si indifférent aux
aveugles humains! Il traite ici des devoirs des Souverains : là il écoute son cœur, & s'occupe à prouver qu'on
trouve du plaisir à faire des heureux : je voudrois faire
l'histoire de ses Ecrits, & je n'en prends que les titres.
Stanislas avoit puisé une partie de ses lumieres dans
l'étude de son siécle : la Providence lui montroit en
Europe les révolutions les plus extraordinaires; chaque
Souverain lui donnoit des exemples utiles; la France
lui montroit un Roi que l'adversité avoit rendu plus
grand. Il avoit vû l'Espagne affligée de voir éteindre
la race de ses Maîtres, devenir la victime des succès
& des défaites de cinq Princes qui se disputoient le
Trône d'un Roi sage qui avoit choisi un Bourbon pour
son Successeur. La Russie lui présentoit un spectacle
bien frappant de l'influence du génie des Rois sur
l'esprit de leurs Sujets; un Peuple qui est aujourd'hui

ſi fameux ſortoit de l'ignorance & de la barbarie ſous l'empire de ſon ennemi. Il voyoit en Suéde un Roi malheureux, qui eut été plus grand s'il eut moins cherché à être extraordinaire. La Pologne elle-même lui faiſoit voir ſon Rival occupé des moyens de lui nuire ; tous ces exemples de ſes Contemporains, tous ces événemens lui donnoient de grandes leçons. Il pouvoit imiter la grandeur de Louis XIV. en triomphant comme lui de l'inſtabilité des grandeurs humaines, la prudence de Charles II, la ſageſſe du Czar Pierre le Grand, la conſtance de Charles XII, la politique de Frédéric Auguſte.... Je me trompe, Staniſlas n'avoit pas de plus grand modéle à ſe propoſer que lui-même! Qui eut plus de mérite avec autant de modeſtie ? Sa principale vertu conſiſtoit à cacher les autres ; il craignoit que ce qu'il faiſoit pour ſon amuſement ne ſervît à l'ennui des autres. Tandis que la fécondité de ſon imagination embelliſſoit tout, il portoit l'humilité juſqu'à mépriſer ſes Talens.

C'eſt donc à la Philoſophie Chrétienne à célébrer les Ecrits de Staniſlas, ce Philoſophe ſi peu préſomptueux ; puiſſent les Souverains apprendre l'art de gouverner les Peuples dans les leçons de ce Prince Bienfaiſant qui ne tendent qu'à les rendre heureux ! Les organes de la gloire pourroient-ils reſter muets à la mort d'un Roi ſi digne de l'être ? Que ce grand homme qui a ſi bien mérité de l'humanité ſoit porté comme en triomphe dans les écrits de ſes Contempo-

rahs ! Que l'Univers se taise , & qu'il pleure ! Stanislas a donc écrit en Sage après avoir vécu en Roi : mettons le comble à sa gloire en le faisant triompher de
lui-même , & en le montrant supérieur à la fortune.
Il a atteint le dernier période de la grandeur par l'u-
sage moderé du courage : l'Héroïsme consacre l'histoire de ses revers.

TROISIÉME PARTIE.

Vaincre les illusions de la fortune est le privilége de la modération : résister aux fureurs des disgraces
est le triomphe du courage ; la prospérité trahit ceux
qu'elle favorise : l'adversité éleve ceux qu'elle ne peut
avilir ; il est plus difficile d'être homme dans les revers
que de se montrer héros dans la faveur. C'est dans cet
état d'humiliation & de magnanimité que je me représente Stanislas ; montrons-le seul avec l'infortune,
dépouillons-le de ses titres, ne lui laissons que ses
malheurs ; sa grandeur sera indépendante de son éle-
vation.

La même voie qui le mene au Trône , le conduit
aux disgraces ; une Cour dont l'autorité est respectable
lorsqu'elle est renfermée dans ses véritables bornes,
s'oppose à son élection ; Rome protege Auguste, qui a
sacrifié à la vérité, les préjugés de ses peres : les fou-

âtres du Vatican défendent le Sacre de Staniſlas. L'abus du pouvoir eſt une tyrannie ; l'uſage d'une autorité chimérique eſt une uſurpation. Staniſlas reſpecte la Puiſſance Eccléſiaſtique, mais il ſçait la limiter ; il comprend qu'il n'eſt pas poſſible que ce conflict de droits ſoit légitime, parce qu'il mettroit les Polonois dans la néceſſité d'être prévaricateurs ou rébelles ; premier obſtacle dont il triomphe avant que d'être Roi.

On avoit vu éclore les révolutions qui l'avoient mis ſur le Trône, comme ſi la Providence s'étoit hâtée de travailler à ſon élévation ; à peine il y eſt monté, que ſon rival ébranle ce qu'il ne peut renverſer : ſix ſemaines après ſon avénement à la Couronne, Auguſte, cet ennemi d'autant plus formidable, que ſa défaite ne l'effrayoit plus, Auguſte vient l'aſſiéger dans Varſovie ; Staniſlas abandonne cette Capitale : il la quitte parce qu'il aime ſes Sujets, il n'y laiſſe pour défenſe que ſes droits, ſes vertus & ſes bienfaits ; il envoie ſa chere famille ſous une foible eſcorte, & en devenant Roi il eſt menacé de perdre les douceurs d'être pere ; ſans d'autres armées que ſon courage il vient chez ſon Protecteur, pour combattre avec lui ſon rival. Deux Rois que leurs ſuccès ont rendus formidables pourſuivent les armées d'Auguſte ; le Général qui les commande mérite les éloges de Charles XII, par un chef-d'œuvre militaire : ne pouvant lui réſiſter, il lui échappe dans une retraite que le Roi de Suéde a toujours appellée la victoire de Shullembourg.

Après plusieurs succès que les larmes de Stanislas vainqueur m'ont appris à déplorer, il signe à Alranc-tald un Traité de Paix avec Auguste ; ce procédé qui auroit du décourager le Czar ne fit que l'aigrir parce que ses défaites lui avoient appris l'art de vaincre. La foiblesse avoit forcé Auguste à la paix, de nouveaux secours allument la guerre : il remonte sur un Trône auquel il a renoncé. Que faisiez-vous alors, héros si jaloux de la gloire ? Hélas ! accompagné d'un Ministre que l'Europe appella le Parménion de l'Aléxandre du Nord, Charles XII est malheureux dans l'Ukraine ; il ne lui reste plus que son courage, son épée & Renchild. Le Czar veut se venger de ses défaites, il le poursuit (1), & ne lui laisse de salut que dans sa fuite ; Charles se réfugie à Bender : le Grand Stanislas, victime des revers de son Protecteur, vient le joindre dans ces climats barbares : il croit marcher en sûreté quand il vole à la gloire, & il trouve une prison là même où il cherche un asile ! Charles XII & Stanislas

---

(1) *Charles XII*, disoit Pierre le Grand, *fait toujours l'Aléxandre : il ne trouvera pas en moi un Darius* ; il vouloit parler de Darius XII. dernier Roi de Perse, sur lequel Aléxandre gagna trois fameuses batailles, la première, au passage du Granique ; la seconde, vers le Détroit du Mont Taurus, près de la Ville d'Ajazzo, où Darius perdit sa mere, sa femme & ses enfans ; & la troisième, près de la Ville d'Arbelles, onze jours après la célèbre Eclipse de Lune rapportée par Pline & Ptolémée.

réfugiés à Bender font fous la protection ou plutôt fous le joug de la Puiffance Ottomane. Les premiers foins de Staniflas eurent pour objet le recouvrement de fa liberté : le premier ufage qu'il en fit fut de fe facrifier de nouveau aux intérêts de fon Bienfaiteur ; fans guide, fans argent, accompagné de fon courage , il entreprend un voyage immenfe dans une faifon où les élémens font conjurés contre lui, dans des chemins qui ne font que de vaftes précipices, dans un pays qu'il ne connoît que par la célébrité de fes abîmes , dans un climat où l'intempérie de l'air eft infupportable aux étrangers : il va en Suéde pour accélérer les fecours néceffaires à la Livonie ; la longueur & les fatigues du voyage ne l'effrayent point ; il arrive enfin , & tant de peines font inutiles ! Que fera Staniflas après de fi fameux revers ? Il ne conferve qu'un bien qui le confole de la privation des autres : la paix de fon ame ; il écrit à Charles XII, & lui offre d'abdiquer la Couronne qui lui a couté tant de malheurs, & qu'il faudroit encore payer du fang de fes Sujets : Charles admire un courage qui condamne fon ambition, & il refufe d'approuver un projet qu'il croit contraire à fa gloire : c'eft pour le bonheur de fon peuple que Staniflas defire de ceffer d'être Roi ; un fi grand facrifice de l'intérêt perfonnel au bien public demande un effort de courage qui éléve l'homme audeffus de lui-même ; qu'offrir à ceux qui facrifient à leur Patrie, leur vie comme Décius, leur honneur comme Fabius, leur reffentiment comme Camille, leurs

enfans

enfans comme Brutus ou Manlius, leur Couronne comme Staniflas ?.... la gloire eft la feule ré-compenfe digne d'eux !

Il eft quelque chofe de plus précieux que le courage : l'efpérance qui le foutient & l'infpire ; Staniflas ne peut plus efpérer de régner : l'avenir ne lui offre que des malheurs ; il renonce au Trône qui lui avoit promis tant de douceurs, & par-là il porte l'héroifme à fon comble, parce qu'il fait ufage de la modération. Les larmes de fes Sujets lui di-foient affez éloquemment qu'il n'avoit pas ceffé d'être leur Roi : leur fenfibilité le touche, mais elle ne peut l'abattre : il ne fe contente pas de fupporter fes mal-heurs, il a la force de s'en confoler, il femble que la nature l'ait fait pour les braver : *J'avois*, difoit-il, *j'avois le courage de m'occuper de mes chagrins. Oui*, continuoit il, *je ne fuis pas infenfible, mais quand je fuis dans une fituation de force, il me femble que je me trouve à ma place.* C'eft ainfi qu'il fçavoit s'élever au-deffus des revers : femblable aux régions fupérieures de l'air dont le mouvement eft toujours uniforme, tandis que les parties inférieures de l'atmofphére font le jouet d'un tourbillon orageux.

La vie de Staniflas nous fournit une interruption de malheurs ; ainfi on trouve un vallon fertile au milieu de cent précipices affreux : il a été affez long-tems infor-tuné pour goûter les délices du bonheur. Mais bien-tôt les difgraces renaiffent de leur épuifement : on

avoit vû à ſes malheurs qu'il étoit l'ame de ſes Etats ....
ſon élection eſt confirmée ; déjà n'oubliant que l'infi-
délité de ſes Sujets, il travaille à les rendre heureux.
Quel nouvel orage vient fondre ſur lui ? Pourquoi rappeller une funeſte élévation qui a rendu ſa chûte plus
terrible ? O aveugles humains, vous repentez-vous
d'avoir été juſtes ! Staniſlas eſt détrôné une ſeconde
fois, l'anarchie confond ſes Etats : ceux qui ont ſe-
coué le joug veulent l'impoſer aux autres ; quel ſpec-
tacle pour ſa grande ame ! Au-dedans ſes amis ſont ſes
rivaux, ſes ſujets deviennent ſes ennemis, ſes vain-
queurs triomphent preſque en tyrans ; au-dehors ſes
ennemis attendent, pour envahir ſes Etats, que la ſé-
dition les ait dévaſtés. Ici l'indépendance, la révolte;
là les victoires, les vexations. Staniſlas ſe conſole de
tout, ſi ce n'eſt de n'être pas le ſeul malheureux : il
voudroit que la tranquillité de ſes Etats, que les ſuccès de ſes ennemis dépendiſſent de ſes ſacrifices ; au
milieu de ces troubles, il écrit à ſes ennemis pour les
inviter à la clémence, pour les prier d'épargner ſon
Peuple qui n'eſt que la victime innocente de tant de
malheurs : il écrit à ſes amis pour les engager à ſe
déſiſter de leurs prétentions, pour les conjurer de re-
noncer à ſes intérêts. O Héroïſme plus grand que les
victoires, c'eſt à l'admiration du genre humain à vous
célébrer ! Staniſlas ſe prive en quelque ſorte de ſa gloire
pour le bonheur de ſes Sujets, pour ſes ennemis
mêmes ..... La vôtre, ô Conquérans, ſe meſure par

le nombre de ceux à qui vous l'avez ôtée !

Dans le malheur les Grands font ordinairement ca=
pables d'aimer ; ce fecours leur devient néceffaire pour
remplir le vuide de leur cœur. Les revers les ont-ils
abandonnés ? L'ingratitude femble être une bienféance
de leur état : l'image d'un ami leur feroit importune,
parce qu'elle leur rappelleroit leurs difgraces. Staniflas
ne changeoit pas d'amis en changeant de fortune. Il
croyoit augmenter, aggrandir fon être par une union
qui fembloit le reproduire dans les autres ; un fentiment fi délicieux étoit devenu en lui un befoin : celui
qui fe paffoit d'un Royaume fans peine ne pouvoit fe
paffer d'un ami ; & quelle amitié que celle de Staniflas !

Ami conftant : Son cœur eft à l'épreuve du tems :
les malheurs de fes amis (1) les lui rendoient plus intéreffans ; ce n'eft point un caractere inconftant qui fe
dédommage de fa tendreffe par fa frivolité : il a befoin
de fe prémunir contre fes penchans, parce que, comme il nous l'a appris lui-même, en fe permettant
d'aimer quelqu'un , il fe condamne à l'aimer toujours.

Ami officieux : Il eft affez puiffant pour rendre heureux ceux qu'il aime : il n'oublie que fes fervices ; il
prévient fouvent les befoins, quelquefois même les defirs. La libéralité lui eft fi naturelle, qu'on s'apperçoit

______

(1) *Omni tempore diligit qui amicus eft.* Proverb. 17.

qu'il a befoi.. d'être Roi pour ne la point borner ; que refuferoit-il à ceux auxquels il a donné fon cœur?

Ami fincere : Il eft des perfonnes qui, trop vuides pour vivre avec elles-mêmes, confentent à remplir leurs inftans par des paroles, à foulager leur ennui par la fadeur : ames fuperficielles pour lefquelles les délices du fentiment font un plaifir étranger, qui fupportent un ami comme un mal néceffaire, & qui jaloufes de l'attachement des autres, ne connoiffent pas cette fympathie qui les leur feroit aimer. L'amitié de Staniflas ne confiftoit pas en ces dehors artificieux qui ne donnent point les douceurs de la tendreffe. Grand Roi, j'ofe pénétrer dans le fond de ce cœur que vous difiez vous-même inacceffible à la haine, l'amitié fut pour vous un fentiment, & s'il vous étoit facile d'augmenter le nombre de vos amis, il n'étoit pas en votre pouvoir de le diminuer !

Ami indulgent : Où font ces caracteres durs dont l'amitié fait le tourment de ceux qui en font l'objet ? Il ne falloit pas des foins continuels pour plaire à Staniflas : il fe réfervoit cette févérité ; il vouloir, mais il lui fuffifoit de mériter la reconnoiffance ; l'amitié étoit le feul défir qu'il bornoit à fon utilité particuliere : aufli Staniflas a toujours eu de véritables amis, parce qu'il leur a toujours été fincérement attaché, & qu'ils n'ont pas été un feul inftant indifférens à fon cœur ; qui a pû vivre en effet un feul jour fans aimer, n'aimera de fa vie !

Nous aimons les Rois comme par inftinct ; nous mettons notre gloire dans notre dépendance, & notre bonheur dans notre amour ; pourquoi tant de Souverains ont-ils fi peu ambitionné l'amour de leurs Sujets ? Leurs Trônes ne font jamais mieux affermis que lorfqu'ils règnent fur les cœurs ; il en eft des Rois comme du Dieu même dont ils font les images : quand on les aime on obferve toutes leurs loix. Combien peu, comme Staniflas le Bienfaifant, ou Louis le Bien Aimé, goûtent les douceurs d'un fi bel empire !

L'amitié confoloit ce grand homme dans fes revers ; ils n'eurent pas des bornes pour lui : hélas, elles ne font que pour le plaifir ! Tant de malheurs lui feront goûter plus délicieufement les intervalles de félicité ; car on feroit infenfible au bonheur s'il étoit trop continuel, & par une bifarrerie de notre inconftance, il ne confifte pas à être toujours heureux. Les Ruffes mettent le Siége devant une Place que Staniflas défend : Dantzic eft attaqué ; quel fpectacle pour fon cœur ! Des remparts foudroyés, la mort qui vole avec l'airain, des cadavres entaffés pour favorifer l'efcalade, l'air retentiffant de l'infolence des Soldats effrenés, des cris fanglotans des orphelins, des accens plaintifs des bleffés, des foupirs des mourans, du bruit effroyable des maifons que leur chûte change en de vaftes tombeaux : plus d'efpérance que l'efclavage ; des Sujets fidèles invoquent la mort ! Dévoré de mille inquiétudes, Staniflas eft obligé d'y en ajouter une bien plus terrible, son attention à les cacher ; en montrant de la crainte, il eut enhardi la licence ; il falloit braver l'audace pour en triompher ; Dieu puissant, quel spectacle pour un Roi condamné à voir mourir ses enfans victimes de leur amour pour lui ! Semblable au rocher qui résiste à la tempête, parce qu'il est immobile au milieu des flots, Stanislas n'obéit point aux circonstances : il les étudie pour triompher dans sa défaite. Il exécute un projet dont l'idée eut honoré les Césars : il ne confond pas l'emportement avec le courage, il a celui de se soumettre à des ames venales que l'intérêt lui associe, & que le même intérêt peut lui enlever ; il est tyrannisé par des compagnons intraitables que l'importance du secret qui leur est confié rend insolens (1). Stanislas souffre leurs caprices ; il a assez de courage pour n'en point montrer ; les fatigues, la mé-

---

(1) Ecoutons Stanislas racontant ses malheurs : leur histoire fait son éloge : » Je sortis, dit-il, de Dantzic à onze heures du soir » avec un habit usé, une chemise de grosse toile, un bonnet des » plus simples, un bâton d'une épine rude & mal polie enfilé à un » cordon de cuir : mes conducteurs voulurent m'abandonner à » cent pas du camp des Cosaques : ne pouvant retenir mon indi- » gnation, je leur parlai ainsi : quoi ! lâches, vous voudriez m'a- » bandonner ? Vous craignez la potence ? Pendus ou non, il n'est » plus tems de délibérer : vous vous êtes engagés à m'accompa- » gner, & vous ne me quittez point jusqu'au moment où je » croirai pouvoir me passer de votre indigne présence ; écoutez- » moi, & tremblez de la résolution que vous me forcez de pren- » dre : si vos promesses & vos sermens, si la récompense que je » vous prépare, si rien ne peut vous arrêter, j'appelle en ce mê- » me instant les Cosaques qui me cherchent, & s'il me faut périr

fiance, la crainte ; voilà ce qu'il lui en coute pour paſſer
la Viſtule, & pour réuſſir dans ſa fameuſe retraite de
Dantzic, qui lui mérita les regrets de ſon Peuple &
l'admiration de ſes ennemis ; il ſuffit de rappeller l'évén-
ment : l'hiſtoire racontera ce que je ne peux qu'indiquer.

Qu'il me ſoit permis de rappeller ici un préjugé bien
injurieux à l'humanité. Conquérans, vous craindriez de
l'être ſi on avoit l'équité de juger ſainement de votre
gloire par les malheurs que vous cauſés, avec une iſſue
ſi différente de celle des Particuliers! La même voie qui
vous mene au Trône, les conduit ſur l'échafaud, & ce
qui leur attire les ſurnoms infamans de parjures, d'ho-
micides, d'uſurpateurs, d'incendiaires, vous mérite
les titres pompeux & magnifiques de Belliqueux, de
Conquérans, de politiques & d'heureux.

Qui ſoutenoit, qui conſoloit Staniſlas au milieu de
ces revers ? La force, ou plutôt la foibleſſe humaine
ne comporte pas tant de conſtance ; c'étoit ſa religion qui
lui faiſoit bénir l'auteur de ſes maux ; c'étoit ſa vertu
qui lui rendoit tout l'éclat qu'elle en recevoit. Une
longue vie n'épuiſe pas ſon courage : il n'a pas la funeſte conſolation que donnent les délires qui rendent
la vieilleſſe plus formidable & moins onéreuſe. Ce

» par votre fuite, j'aime autant périr par mon indiſcrétion, &
» me venger de votre perfidie «. Cette fermeté retint ces malheureux ; ce morceau vif n'honore pas moins ſon eſprit que ſon
cœur ; une telle réſolution priſe dans de vaſtes déſerts, eſt digne
d'un Alexandre !

vénérable Vieillard se félicitoit de se reconnoître dans un Petit-Fils. . . . . O destin cruel ! ô souvenir lamentable ! hélas la mort le détachoit insensiblement de la vie ; je crois entendre ce nouveau Jacob demander son cher fils à tous ceux qui l'approchent, avec ce pathétique si naturel à la douleur : il a la force de se refuser ses larmes, & d'essayer de consoler la plus tendre des meres. . . . . Il seroit moins grand s'il eut été moins malheureux !

Celui qui dans Dantzic avoit vû la foudre écraser son Palais ; celui que les malheurs n'avoient pû ébranler, sera donc malheureux jusqu'à la mort ? Il mourra par un accident dont la seule idée est effrayante. Il me semble voir cet auguste Vieillard assister à sa mort : assez courageux pour rappeller ses forces fugitives il demande le pain de vie, pour que son ame teinte du sang de l'agneau soit à l'abri du glaive de l'Ange exterminateur : je le vois prosterné devant son Juge ; après avoir imploré sa clémence, il embrasse ses amis, il les console. . . . . . Je vois son ame errante sur ses lévres, sa bouche entre-ouverte semble vouloir achever un vœu commencé. Ici la voix me manque pour faire parler ma douleur : vos larmes publient assez éloquemment la vôtre, Peuples désolés, qui avez perdu un si grand Roi : on a entendu vos sanglots qui ont honoré sa pompe funebre, on vous a vus fondre en larmes en voyant descendre dans le Tombeau le Héros le plus intrépide, le Roi le plus

clément,

clément, & un infortuné le moins digne de l'être !

Hélas ! les malheurs lui furvivent, il eſt encore à plaindre après ſa mort ; grande Reine, vos larmes l'attendriſſent : réjouiſſez-vous au moins de ce que Dieu vous trouve digne de ſouffrir pour lui. Je crois entendre ce grand Homme vous parler du fond de ſon Tombeau, où votre douleur qui honore tant vos ſentimens, vous a fait déſirer de deſcendre, & dont nos vœux & nos regrets ont tant de peine de vous retirer : Mânes illuſtres de Staniſlas, vous ſuppléerez à notre ſilence ; il faut une ame auſſi grande que la vôtre pour conſoler cette vertueuſe Princeſſe ! Comment pourrions-nous donner à votre Auguſte Fille une conſolation qui nous eſt ſi difficile & ſi néceſſaire ? O vous, dit ce reſpectable Pere, vous à qui ma mort a failli couter la vie , vous qui me repréſentez ſur la terre, refuſerez vous à votre Dieu le ſacrifice de vos larmes ? fermez ces yeux éteints qui ne peuvent plus pleurer : vos inquiétudes altéreroient ma félicité : votre amour pour moi doit donc être le remède de vos douleurs : faites que votre Religion triomphe de votre abbatement, le Calvaire eſt le chemin du Thabor ; votre préſence me rappella autrefois à la vie ; conſervez un bien qui eſt mon ouvrage ; c'eſt un Pere tendre qui vous défend de pleurer vos malheurs ; vivez pour le bonheur d'une Nation qui me fut chere : vivez pour conſoler un époux que j'ai toujours aimé : vivez enfin, votre réſignation honorera ma mort.

D

Jufqu'à quand entendrons-nous retentir les airs de ces accens lugubres qui nous annoncent des malheurs? Dieu nous punit dans la perſonne de nos Princes. Loin de murmurer contre ſa ſévérité, déplorons notre aveuglement. Par un excès de ſoumiſſion aux ordres de la Providence, cherchons l'expiation de nos crimes dans leur châtiment. Intéreſſons le Ciel pour la conſervation du Roi bien aimé qui nous gouverne & que nous chériſſons; Règne glorieux, puiſſes tu durer autant que nos déſirs! Grand Prince, puiſſiez vous vivre autant que votre gloire!

F I N.

APPROBATION.

J'AI lû par ordre de Monseigneur le Vice-Chancelier, cet *Eloge du Roi Stanislas* : L'Auteur m'a paru avoir très-bien saisi les traits Augustes qui caractérisent ce Roi Bienfaisant, & je pense que le Public applaudira à l'impression de cet Ouvrage. A Paris, ce 3 Avril 1766.

Signé GENET.